Gonzague est amoureux

Daniel Laverdure

Illustrations de Daniel Laverdure

COLLECTION
Le chat & la souris

ÉDITIONS
MICHEL
QUINTIN

Données de catalogage avant publication (Canada)

Laverdure, Daniel

Gonzague est amoureux

(Collection Le chat et la souris ; 20)
Pour enfants de 7 ans.

ISBN 2-89435-224-7

I. Titre. II. Collection: Chat et la souris
(Waterloo, Québec) ; 20.

PS8573.A816G662 2003 jC843'.54 C2003-940669-5
PS9573.A816G662 2003
PZ23.L38Go 2003

Révision linguistique: Monique Herbeuval

Le Conseil des Arts du Canada
The Canada Council for the Arts
SODEC Québec
Patrimoine canadien Canadian Heritage

La publication de cet ouvrage a été réalisée grâce au soutien financier du Conseil des Arts du Canada et de la SODEC.

De plus, les Éditions Michel Quintin bénéficient de l'aide financière du gouvernement du Canada par l'entremise du Programme d'aide au développement de l'industrie de l'édition (PADIÉ) pour leurs activités d'édition.

Gouvernement du Québec – Programme de crédit d'impôt pour l'édition de livres – Gestion SODEC

ISBN 2-89435-224-7

Dépôt légal - Bibliothèque nationale du Québec, 2003
Dépôt légal - Bibliothèque nationale du Canada, 2003

Éditions Michel Quintin
C.P. 340, Waterloo (Québec)
Canada J0E 2N0
Tél.: (450) 539-3774
Téléc.: (450) 539-4905
Courriel: mquintin@mquintin.com

1 2 3 4 5 6 7 8 9 0 M L 0 9 8 7 6 5 4 3
Imprimé au Canada

À tous les jeunes amoureux

Chapitre 1

Gonzague est distrait

Tout le monde le sait, tout le monde le dit : Gonzague est un rêveur. Ce loup végétarien est un artisan de la légumineuse, un artiste peintre de la pâtisserie et un poète du cornichon. Ce n'est donc pas étonnant que notre ami soit si différent des autres loups.

Toutefois, depuis quelque temps, il est beaucoup plus différent que d'habitude. Son comportement est de plus en plus bizarre. De rêveur, il est devenu distrait, étrangement distrait. Un soir, on l'a trouvé qui dormait dans le lit de Roméo. Le lendemain, il prenait son bain dans un carré de sable. Une autre fois, sa mère l'a surpris en train de manger dans un bol vide. On l'a même vu s'essuyer alors qu'il était encore sous la douche!

Sa mère croit que c'est un problème de croissance. Comme Gonzague ne mange

pas de viande, quelque chose perturbe son développement et provoque ce curieux comportement.

— C'est sûrement à cause des racines. Les racines, ça ne doit pas être bien bon pour la concentration.

Roméo, son pire ami, prétend que Gonzague a plein de verrues qui lui poussent à l'intérieur de la tête. D'après lui, c'est ce qui explique les bizarreries de la conduite du loup.

— C'est normal que ce dingue de loup soit troublé par les verrues dans sa caboche:

d'habitude, il n'a rien du tout dans la tête.

Les amis de Roméo rient aux éclats et en profitent pour ajouter leur grain de sel. Mais Gonzague ne les entend même pas. C'est comme s'il vivait dans un monde à part.

À la demande de la mère du pauvre loup, le sage des sages

de la meute se penche sur le cas de Gonzague. Il lui fait passer une dizaine de tests, allant de l'évaluation des réflexes jusqu'aux exercices de prononciation.

— Vas-y, Gonzague! Répète après moi : ces six cent soixante-six saucissons-ci sont surs sans cette sauce sucrée.

— Euh!... Si la chose est possible, je préférerais des carottes.

Évidemment, les réactions farfelues de Gonzague faussent tous les résultats des tests.

Après des jours d'observations assidues, le sage déclare à la mère de Gonzague :

— Je crois que j'ai compris ce qui se passe dans la tête de Gonzague.

— Alors, maître? Qu'arrive-t-il à mon fiston?

— En fait, ce n'est pas sa tête qui pose un problème, c'est plutôt son cœur.

— Quoi? Il est cardiaque?

— Non, pas du tout! Malheureusement, nous ne pouvons rien faire pour l'aider. Il est le seul qui puisse trouver la solution... s'il la trouve!

— Je n'y comprends rien, maître sage! Qu'est-ce qu'il a, mon Gonzague?

— Ma pauvre dame, votre fiston est amoureux!

Chapitre 2

Gonzague est très distrait

Alors que les distractions de Gonzague commencent à inquiéter la meute, sa mère veut découvrir qui est l'heureuse élue. Elle veut s'assurer que son fils a fait le bon choix.

— Est-ce que je la connais, Gonzague?

— Qui?

— Bien, la demoiselle!

— Quelle demoiselle?

— Je parle de celle qui occupe toutes tes pensées. Écoute, tu es devenu tellement distrait que cela devient dangereux. Tu pourrais avoir un accident.

Mais Gonzague est déjà loin. Il a oublié que sa mère était en train de lui parler. Il se met à monter les marches d'un escalier qui n'existe pas. Il perd ainsi l'équilibre et tombe. Il se retrouve assis au milieu de l'étang.

— Tiens! Qui a mis cet étang par terre?

Roméo profite du manque d'attention de Gonzague pour

lui tendre un piège. Il invite sa bande d'amis habituels à l'accompagner.

— Venez, les gars! On va se bidonner un bon coup.

Roméo s'approche de Gonzague, qui ne se méfie pas.

— Salut, Gonzague! Ça va?

— Salut, euh… Roméo!

— J'ai un service à te demander. Toi qui es si souple, aurais-tu la gentillesse d'aller chercher mes skis?

— Oui, bien sûr, Roméo.

— Attends! Je ne t'ai pas dit où ils étaient.

— Qui ça?

— Les skis, voyons! Ils sont tout en haut de cet immense sapin. On ne peut pas les voir d'ici, mais ils sont là!

— Bon, j'y vais.

Gonzague commence à grimper dans l'arbre sans même s'étonner de la demande de Roméo. Pourtant, que font les skis de Roméo accrochés en haut d'un sapin, surtout en plein été?

Roméo et sa bande observent l'ascension de Gonzague en

guettant le moment où il se cassera la binette. Le loup, toujours aussi lunatique, se hisse de branche en branche. Il s'arrête parfois pour regarder une nichée de tourterelles ou pour contempler la vue.

Soudain, Roméo est certain que Gonzague est sur le point

de dégringoler. En équilibre sur une toute petite branche, il tente de goûter à un nuage qui lui semble proche. Mais, poussé par le vent, le nuage lui échappe.

Arrivé au sommet, Gonzague n'est plus visible. Et on ne l'entend plus.

— Gonzague! Où es-tu? Qu'est-ce que tu fais?

Seul le silence répond. Les loups croient que leur « pigeon »,

figé de peur, ne peut plus parler.

— Peut-être qu'il s'est évanoui?

— On devrait l'aider à descendre.

— Bonne idée, on va couper le sapin!

— Non, attendez! Regardez, il est là, tout en haut!

— Oui, je le vois! Il s'est endormi!

Gonzague a oublié pour quelle raison il était monté jusque-là. Il en profite pour faire une sieste et rêver un peu plus.

Chapitre 3

Gonzague est très, très distrait

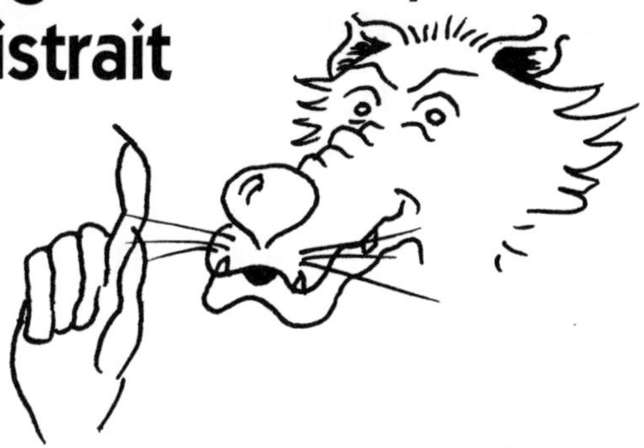

Le lendemain, Roméo se présente à nouveau devant Gonzague qui lit, assis au pied d'un arbre. Un peu plus loin, derrière les fougères, le reste de la bande observe la scène.

— Salut, Gonzague! Je suis prêt!

— Bonjour... Est-ce que je vous connais?

— Comment! Tu ne me reconnais pas?

— Euh...

— C'est incroyable, comment peux-tu oublier qui je suis?

— Bof, tu sais, Roméo, tous les loups de cette meute se ressemblent, alors...

Roméo échange discrètement un regard étonné avec ses amis. Il a envie de rire, mais il se retient.

— Gonzague, dis-moi! Est-ce que tu sais que ton livre est à l'envers?

— Vraiment?... Aucune importance, je l'ai déjà lu.

— Donc, comme je te le disais, je suis prêt.

— Ah bon! Tant mieux, mais... tu es prêt pour quoi?

— Tu ne te souviens pas, Gonzague? Hier, tu as promis que tu viendrais chasser avec moi. Et une promesse, c'est sacré, Gonzague!

— J'ai promis ça, moi? Tu en es sûr?

— Absolument.

— Tu confonds peut-être avec un autre loup. Tu sais, ils se ressemblent tous dans cette meute...

— Oui, je sais, tu l'as déjà dit.

— Qu'est-ce que j'ai dit?

— Voyons, Gonzague! Qu'on se ressemblait tous ici!

— Vraiment?... Maintenant que tu en parles, c'est vrai que tous les loups se ressemblent dans cette m...

— C'EST BIENTÔT FINI CETTE HISTOIRE DE RESSEMBLANCE? J'EN AI ASSEZ!

— Oui, bien sûr, Roméo. Mais... tu en as assez de quoi?

— Euh... de... Est-ce que je sais, moi! Tu es en train de me rendre FOU!

Roméo part en trombe, laissant derrière les fougères ses complices déçus. Gonzague reprend son bouquin, toujours à l'envers, mais cette fois il le lit en commençant par la fin.

Chapitre 4

Vive la campagne!

Au beau milieu de l'avant-midi, Gonzague a tout à coup envie d'une salade de coquelicots et de capucines. Comme dans cette région ces fleurs ne poussent pas à l'état sauvage, il doit aller les chercher là où, l'année dernière, il en avait senti la délicieuse odeur. Aussi, le loup gourmand se laisse guider par son flair expérimenté.

Malheureusement, la mémoire de Gonzague n'est pas aussi bonne que son flair. Sinon, il se souviendrait que les fleurs qu'il convoite se trouvent dans l'endroit le plus interdit de l'univers : le jardin du fermier.

Roméo lui-même n'a jamais osé y mettre une seule patte. Il n'ose même pas toucher aux piquets de clôture du champ au bout de la ferme.

Et voilà qu'en plein jour et à la vue de tous, Gonzague s'approche avec insouciance du potager des humains. Il ne pense qu'à sa salade et oublie les risques qu'il va prendre.

Voyant le loup s'approcher, les moutons donnent l'alerte. Les poules courent dans toutes les directions. Les chiens aboient furieusement et le chat manque même de se réveiller. Sourd à tout ce tintamarre,

Gonzague, qui a déjà repéré les couleurs appétissantes des coquelicots et des capucines, continue d'avancer.

Des hirondelles tentent de le dissuader en passant en rase-mottes près de sa tête. Tous les animaux crient et s'agitent vigoureusement pour éloigner

l'intrus. Rien n'y fait, Gonzague sourit en se pourléchant les babines.

Le fermier, alerté, sort de chez lui, carabine à la main. Il épaule son arme, vise et… tire. PAW! À l'instant où le loup se penche pour cueillir une première fleur, la balle siffle au-dessus de son ciboulot. Gonzague, tout excité par sa trouvaille, passe rapidement d'une fleur à l'autre. Le fermier tire à nouveau, puis une autre fois, et encore… La dernière balle effleure l'oreille de Gonzague, lui brûlant quelques poils.

Furieux, l'homme lance son fusil sur le toit du hangar, jette son chapeau par terre et le piétine rageusement.

Notre loup, qui a terminé sa cueillette, revient vers la forêt en chantonnant un poème de sa création. Quand tout est redevenu calme, Gonzague s'arrête et regarde vers la ferme.

— C'est curieux, j'ai cru entendre un bruit.

Chapitre 5

Che chuis là!

À la limite d'un champ, Sarah et Rufus, les deux grands amis de Gonzague, cueillent des framboises sauvages. Tout à coup, ils entendent des « CROUNCH, CROUNCH! » qu'ils reconnaissent tout de suite.

— Gonzague, c'est bien toi? Où es-tu?

— Che chuis là!

— Salut Gonz... Mais qu'est-ce que tu fais là?

— Che manche une chalade! Pourquoi?

— Je vois bien que tu manges, je l'entends aussi. Mais pourquoi t'es-tu assis sur ce talus plein de chardons? Tu as des épines partout!

— Ah, ch'est donc cha! Che croyais que ch'était ma vinaigrette qui était trop piquante.

Les deux lapins aident le loup transformé en hérisson à se sortir de là. Ils trouvent très difficile de retenir leurs rires. Mais, en examinant attentivement la salade que Gonzague s'est préparée, Sarah est estomaquée. Rufus, qui y jette aussi un coup d'œil, s'esclaffe cette fois sans retenue.

— Ha, ha, ha! Gonzague, tu as trouvé une nouvelle recette?

Sarah intervient.

— Arrête de te moquer, Rufus. Il y a quelque chose d'anormal là-dedans.

— Pourquoi me regardes-tu comme cha, Charah?

— Gonzague, tu es allé jusqu'à la ferme, aujourd'hui?

— Ché pas!

— C'est encore plus grave que je ne le croyais... Regarde bien les fleurs de ta salade, Gonzague. Elles sont en plastique!

Chapitre 6

Bonsoir!

Rufus, très intrigué, tourne autour de Gonzague en se grattant le dessus de la tête.

— Regarde ses yeux, Sarah.

— Ah, tu as remarqué, toi aussi! Est-ce que tu penses ce que je pense?

— Je pense que oui.

— Alors, nous pensons la même chose, Rufus.

Complètement hystérique, Rufus se précipite alors vers le ruisseau près duquel se trouvent les abris des lapins. Il ne s'arrête qu'en haut de la butte qui surplombe le petit cours d'eau; il reprend son souffle puis s'écrie :

— GONZAGUE EST AMOUREUX! GONZAGUE EST AMOUREUX! GONZAGUE EST AMOUREUX!

Surpris, les lapins cessent leurs activités; certains tombent même sur leur derrière.

— Quoi? Gonzague en amour? Comment a-t-il fait ça?

C'est l'attroupement immédiat autour du loup devenu vedette. On remarque son regard un peu perdu, mais aussi les chardons emmêlés dans sa fourrure.

— Qui c'est, Gonzague? Dis-nous qui est l'élue de ton cœur!

— Est-ce qu'elle est gentille?

— Est-ce que tu as une photo de ta fiancée?

— Dis, Gonzague? Qu'est-ce que tu fais avec tous ces chardons?

Gonzague écoute toutes ces questions avec un sourire coquin. Il traverse le ruisseau, remonte lentement la colline devant la foule intriguée. Soudain, il s'arrête et se retourne vers ses amis.

— Bonsoir! Je vais faire un tour dans la montagne. Puis il repart avec le tas de chardons collés aux fesses.

— Bonsoir?!

— Mais oui! Il a dit «bonsoir»!

— Il n'est même pas midi!

— Je sais, Rufus, je sais. Tout le monde le sait, sauf Gonzague.

Chapitre 7

Ça tombe bien!

Perdu dans ses rêves les plus affectueux et les plus tendres, Gonzague poursuit sa balade en montagne. Il salue un bouleau, sourit à une vieille branche, puis s'excuse auprès d'un rocher après l'avoir cogné avec son gros orteil.

Comme notre loup a presque toujours le nez en l'air, il finit par trébucher. Perdant pied, il dégringole au fond d'un gouffre sombre et humide.

— Tiens! Salut, Gonzague! C'est gentil d'être venu me chercher.

En apercevant Pépère au fond du trou, Gonzague sort complètement de sa rêverie.

— Pépère! Mais que faites-vous ici?

— Non! Je n'ai pas vu de cerises! Je suis tombé ici, je ne sais plus comment. Il y a si longtemps que j'ai oublié.

— Vous n'êtes pas blessé au moins?

— Tu as raison, mon ami! J'AI PERDU MON CHAPEAU!

Gonzague s'est légèrement blessé au genou, mais ce n'est rien de grave. Il examine attentivement la paroi rocheuse pour trouver la meilleure façon de sortir de ce trou.

— Pépère! Je vais vous prendre sur mon dos. Agrippez-vous solidement! Je vais vous remonter.

— Je ne demande pas mieux, mon cher. Mais tu ne penses

pas qu'on devrait commencer par sortir d'ici, avant?

La roche est glissante et il n'y a pas beaucoup d'anfractuosités où le loup peut prendre appui.

La montée est difficile, mais Gonzague n'abandonne pas. Heureusement, Pépère reste bien accroché.

— Eh, Gonzague! Ce n'est peut-être pas le bon moment de le dire, mais c'est amusant les trucs que tu as épinglés à tes fesses!

Le loup est trop concentré pour répondre à ce drôle de commentaire. Il utilise toute son énergie pour les tirer de leur fâcheuse position. Il empoigne une grosse racine, tire de toutes ses forces... Ça y est! Ils sont sortis. Gonzague est tout en sueur, mais il est heureux d'être parvenu à sauver son ami sans le blesser.

— Eh, Gonzague! Je ne sais pas si c'est le bon moment de le dire, mais j'ai oublié ma canne au fond du trou.

— Ah non! Je ne vais quand même pas redescendre pour

récupérer votre fichue canne! Non, jamais!

— Merci, cher Gonzague. Je reconnais bien là ta générosité légendaire.

Gonzague n'a pas le courage de décevoir le vieux lapin et encore moins d'essayer de se faire comprendre. Il entreprend la descente, retourne au fond du gouffre, récupère la canne et escalade à nouveau la paroi. Et tout ça, en gardant Pépère accroché à son cou.

Éreinté, le loup s'assoit sur une pierre. Il se demande pourquoi il se donne tant de mal pour ce vieux lapin qui ne comprend rien à ce qu'on lui raconte.

— Tu sais, Gonzague, même si tu n'étais pas végétarien, tu serais quand même un loup exceptionnel. Je suis tellement fier de t'avoir pour ami.

Gonzague est si ému qu'il en reste muet. Maintenant, il sait pourquoi il fait tout ça.

Chapitre 8

Dis-nous son nom!

Sur le chemin du retour, Pépère bavarde sans arrêt tandis que Gonzague retourne à sa rêverie. C'est peut-être pour ça qu'ils s'entendent si bien : parce qu'ils ne s'entendent pas.

— Alors, Gonzague, qu'est-ce que tu fais de bon, ces temps-ci?

— Si seulement je pouvais attraper un de ces nuages, je pourrais savoir s'ils sont aussi délicieux qu'ils en ont l'air.

— Des rhumatismes! À ton âge? C'est impossible, mon ami! Tu dois confondre avec une crampe. Ça va passer le temps de le dire.

— Il faudrait que je grimpe dans l'arbre le plus haut, au sommet de la plus haute montagne, un jour de pluie.

— Je te remercie, Gonzague! Il y avait longtemps qu'on ne m'avait plus fait d'aussi beaux compliments.

— Non... Je vais plutôt attendre la fin de la journée pour capturer des nuages roses. Ils ont sûrement un goût différent des blancs.

— Quoi? Est-ce que j'ai bien compris? Tu viens de m'annoncer que tu es amoureux?!

Gonzague, qui n'écoutait pas, ne répond rien. En descendant la colline, il s'aperçoit que les lapins préparent encore une fête. Ses joyeux amis sont toujours en train de célébrer quelque chose.

Dernièrement, ils ont même rendu hommage à Rufus qui avait réussi à passer une semaine entière sans faire de bêtises. Évidemment, pendant les réjouissances, il a renversé le bol de punch, éternué dans sa soupe et coincé une petite carotte dans une de ses narines. Finalement, il s'est endormi sur un lit d'herbes à puce.

Soudain, on entend Sarah crier :

— Regardez! Il est là!

— Viens, Gonzague! Nous sommes prêts à fêter tes fiançailles.

— Quelles fiançailles? Voyez plutôt, j'ai trouvé Pépère.

— Pépère? Je ne savais pas qu'on l'avait perdu.

On fait asseoir le loup vedette sur la souche présidentielle, la musique commence et tout le monde se jette sur le buffet. Pépère regarde tout ça d'un air

attendri; il est touché jusqu'au fond du cœur.

— Je ne me doutais pas que je vous avais manqué à ce point. C'est trop, mes amis, c'est beaucoup trop!

— Tais-toi, Pépère, c'est le moment de poser des questions à Gonzague.

Les lapins, les bras chargés de nourriture, entourent le loup qui sourit béatement. Il ne comprend pas ce qui se passe, mais comme il ne comprend pas grand-chose ces derniers jours, ça ne change rien.

Sarah est la première à prendre la parole.

— Alors, Gonzague, dis-nous son nom!

— Le nom de qui?

— De ton amoureuse, voyons!

— Mon amoureuse? Vous savez que j'ai une amoureuse?

— Mais bien sûr, Gonzague! C'est tellement évident. Arrête de nous faire languir. Comment se nomme-t-elle?

— Qui ça?

— Ta fiancée, voyons!

— Quelle fiancée?

— Gonzague, tu sais bien, la louve pour qui ton cœur bat la chamade.

— Mon cœur…

— Oui, pense à ton cœur, Gonzague.

Convaincus que leur ami est sur le point de lâcher le morceau, les lapins retiennent leur respiration. On pourrait entendre une mouche éternuer. Seul Pépère continue de manger tranquillement.

— Mon cœur... bien oui, justement, j'ai mal au cœur.

— Ah bon?!

— Oui! J'ai mangé trop de salade de coquelicots et de capucines. Décidément, je crois que je devrais éliminer le plastique de mon régime alimentaire... Excusez-moi, j'ai besoin de faire un peu d'exercice pour aider ma digestion.

Gonzague cesse de parler, il se lève et descend vers le lac. Il regarde la foule consternée.

— Bonsoir! Je vais faire un tour dans la montagne.

Rufus, complètement désorienté, regarde Sarah.

— Il a encore dit bonsoir? Mais il est beaucoup trop tôt!

— Qu'est-ce que ça peut faire, Rufus? Il ne va pas vers la montagne non plus.

Et c'est ainsi que Gonzague, filant le parfait bonheur, s'en va on ne sait où, faire on ne sait quoi. Mais au fond qu'importe, c'est tellement bon d'être amoureux!

Table des matières

COLLECTION

Le chat & la souris

1. Ma Mère Poule
2. Ma mère part en voyage
3. Torea, le garçon des îles
4. Gonzague, le loup végétarien
5. Le pari de Gonzague
6. Gonzague organise un concours
7. Globule, la petite sangsue
8. Globule et le ver de terre
9. Malourène et la reine des fées
10. Malourène et la dame étrange
11. Gonzague veut dormir
12. Torea et le poisson volant
13. Malourène est amoureuse
14. Malourène et les nains de jardin
15. Vente de garage chez ma mère
16. Globule pris au piège
17. Malourène et le sourire perdu
18. Les pissenlits de Magalie
19. Globule et le trésor des pirates
20. Gonzague est amoureux
21. Malourène et le roi mouillé
22. La statue du chien Hachiko
23. Les fausses notes de Gonzague